Der lange Weg der Zahlen

Eine kurze Geschichte des Dezimalsystems

Andreas de Vries

Herstellung und Verlag:
Books on Demand GmbH, Norderstedt
ISBN 978-3-8423-5120-2

Inhaltsverzeichnis

　　　　　　　　　　　Andreas de Vries

Vorwort

n diesem Beitrag wird die Entstehungsgeschichte unserer Zahlschreibweise, des dezimalen Stellenwertsystems, umrissen. Der Entstehungsweg dauerte sehr lang, von den ersten durch Einkerbungen aufgezeichneten Strichzahlen bis zu den entwickelten Zahldarstellungen der frühen Hochkulturen an den großen Flüssen in Mesopotamien, Ägypten, Indien und China um 3000 v. Chr. vergingen immerhin mindestens 30 000 Jahre, und bis zur Herausbildung des Dezimalsystems mit den direkten Vorläufern der von uns benutzten Ziffern noch weitere dreieinhalb Jahrtausende.

Die aus heutiger Sicht vielleicht schwer nachvollziehbaren Schwierigkeiten, die auf diesem langen Weg zu überwinden waren, sollen hier bewusst gemacht werden. Im Grunde mussten drei Schlüsselkonzepte erkannt werden: erstens das Positionssystem, wonach die *Stelle* eines Zahlsymbols in einer Ziffernreihe darüber entscheidet, welchen Wert die dargestellte Zahl besitzt; zweitens das Konzept der *ein*stelligen Ziffern, so dass stets eine exakte Bewertung der jeweiligen Position möglich ist; und drittens die Null als Ziffer, um *fehlende* Beiträge der betreffenden Potenz darzustellen. Ein Zahlsystem muss all diese drei Konzepte in Bezug auf eine bestimmte Basiszahl zusammenführen, um eine beliebige ganze Zahl eindeutig und effizient darstellen zu können. Im Laufe der menschlichen Kulturgeschichte gab es mehrere verschiedene Zahlsysteme, die eines oder gar zwei dieser Schlüsselkonzepte verbanden. Der Durchbruch jedoch gelang erst im siebten Jahrhundert, vor nunmehr fast anderthalb Jahrtausenden.

Ein Positionssystem und auch die Null als Ziffer war bereits etwa zur Zeit Alexanders des Großen um 350 v. Chr. den Babyloniern bekannt, allerdings besaß ihr System nicht einstellige Ziffern. In China war dagegen um diese Zeit zwar ein einstelliges Positionssystem zur Basis 10 bekannt, aber keine Null. Die einzelnen Puzzleteile zusammenzusetzen und zudem die Rolle der Null als Zahl zu entdecken, gelang erst den Indern fast ein Jahrtausend später, indem (oder: so dass?) sie Zahlen in Versform schrieben.

Der vorliegende Aufsatz entstand nicht mit dem Anspruch, wissenschaftlich neue Erkenntnisse zu liefern, da geht er nicht wesentlich über die Ergebnisse der angegebenen Literatur hinaus. Falls nicht anders angegeben, stammen die erwähnten Fakten und Vermutungen vorwiegend aus den hervorragenden Büchern [1] und [10]. Dieser Aufsatz soll einen zusammenfassenden knappen Überblick über wesentliche historische Zahldarstellungen geben und dabei auch die Entwicklung der Bruchzahlen berücksichtigen.

Möge er dazu anregen, das Großartige und Tiefliegende einer für uns ganz alltäglichen und scheinbar selbstverständlichen Wortgruppe zu erkennen, die jedes Kind versteht: 1, 2, 3, ...

Bochum, den 27. März 2011   Andreas de Vries

Kapitel 1

Etymologie: Zahlen erzählen

 as Wort *Zahl* hatte im Urgermanischen die Bedeutungen „Zahl, Menge, Aufzählung, Bericht, Rede" und gehört vermutlich zur indogermanischen Wurzel *del[ə]- „spalten, kerben, schnitzen, behauen". „Zahl" würde demnach also „Eingekerbtes, Einschnitt" bedeuten. Der Wortstamm hat in mehreren heutigen Sprachen überlebt, so englisch *tale* „Erzählung", *to tell* „erzählen", niederländisch *taal* „Sprache", *tellen* „zählen", dänisch *tale* „Rede" [6]. Hat im Englischen das Verb *to tell* heute noch beide Bedeutungen „zählen, erzählen", so beschränkt sich im Deutschen die Bedeutung des Verbs *zählen* nur noch auf das Rechnerische, während der Sinn „berichten, mitteilen" dem Verb *erzählen* zugefallen ist. Ähnliche Abspaltungen sind in anderen Sprachen zu erkennen, das englische *count* „zählen" kommt wie französisch *raconter* oder *conter* „erzählen" und *compter* „zählen" von lateinisch *computare*.

„Erzählen" bedeutet also ursprünglich „aufzählen, zu Ende zählen". Beim Erzählen ordnen wir die Ereignisse, wir geben ihnen einen Anfang und ein Ende. Eine Erzählung ist eine Abfolge von Ereignissen, Schritt um Schritt.

Damit das banalste Ereignis zum Abenteuer wird, ist es nötig und genügt es, dass man sich daran macht, es zu erzählen.

Aber man muss wählen: leben oder erzählen. (. . .) Wenn man lebt, passiert nichts. Die Szenerie wechselt, Leute kommen und gehen, das ist alles. Es gibt nie Anfänge. Ein Tag folgt dem anderen, ohne Sinn und Verstand, ein unaufhörliches, eintöniges Aneinanderreihen. Es gibt auch kein Ende: man verlässt eine Frau, einen Freund, eine Stadt nie mit einemmal. (. . .)

Aber wenn man das Leben erzählt, verändert sich alles. (. . .) Die Ereignisse entwickeln sich in einer Richtung, und wir erzählen sie in umgekehrter Richtung. Man tut so, als finge man mit dem Anfang an: „Es war an einem schönen Abend im Herbst 1922. Ich war Schreiber bei einem Notar in Marommes." Und in Wirklichkeit hat man mit dem Ende angefangen. Es ist da, unsichtbar und gegenwärtig, es ist das Ende, das diesen wenigen Worten den Pomp und den Wert eines Anfangs verleiht. (. . .) „Es war Nacht, die Straße war ausgestorben." Der Satz ist achtlos hingeworfen, er wirkt überflüssig; aber wir fallen nicht darauf herein und behalten ihn im Sinn: das ist eine Information, deren Wert wir im weiteren Verlauf verstehen werden. Und wir haben das Gefühl, dass der Held alle Einzelheiten dieser Nacht wie Ankündigungen, wie Verheißungen erlebt hat, oder auch als hätte er nur die erlebt, die Verheißungen waren, blind und taub für alles, was nicht das Abenteuer ankündigte. Wir vergessen, dass die Zukunft noch nicht da war; der Typ spazierte durch eine Nacht ohne Vorzeichen, die ihm ihre monotonen Schätze kreuz und quer darbot, und er wählte nicht.

Ich wollte, die Momente meines Lebens folgten aufeinander und ordneten sich wie die eines Lebens, an das man sich erinnert.

Jean Paul Sartre, *Der Ekel* (Rowohlt, Reinbek 1981, S. 65–67)

Das Zahlwort „Neun"

Die sprachliche Herkunft unserer Zahlwörter dürfte uns Hinweise über das frühe Denken mit Zahlen und über frühe Zählweisen geben. Die heute größte Sprachenfamilie der Welt bilden mit 2,5 Milliarden Muttersprachlern die indoeuropäischen Sprachen, im deutschen Sprachraum auch indogermanisch genannt. Zu dieser Sprachfamilie gehören im Wesentlichen Indisch und Iranisch sowie alle heutigen europäischen Sprachen, bis auf Baskisch, Türkisch sowie die uralischen Sprachen wie Estnisch, Finnisch, Ungarisch und die in Russland gesprochenen Sprachen Komi, Mari, Mordwinisch und Udmurtisch [12, S. 89ff], [LIS]. Die indoeuropäische Sprachfamilie hat ihren Ursprung in einer hypothetischen Ursprache um 3500 vor Christus, die im nördlichen oder nordöstlichen Ufers des Schwarzen Meers verbreitet war [2, S. 17], [LIU].

In allen indoeuropäischen Sprachen sind sich die Wörter für „neun" und „neu" sehr ähnlich [12, S. 23]:

Sprache	*neun*	*neu*	Sprache	*neun*	*neu*
Sanskrit	*nava*	*navas*	Latein	*novem*	*novus*
Gotisch	*niun*	*niujis*	Tocharisch	*nu*	*nu*

Im Ägyptischen wird der Wortstamm des Zahlworts für neun sowohl für das Neuerscheinen der Sonne im Osten als auch für das Neumondfest gebraucht [12, S. 149].

Die Ursache für diese auffällige Übereinstimmung könnte nach Menninger [12, S. 22ff] in der besonderen Rolle der Vier als uralte Zählgrenze aufgrund der Fingerzahl ohne Daumen liegen. Immerhin gilt bei fast allen alten Kulturvölkern die Handbreite, ohne Daumen über den Knöchel gemessen, als Maß. So haben die ägyptische und die griechische Elle 6 Handbreiten zu $6 \times 4 = 24$ Finger, oder der römische Fuß (*pes*) 4 *palmae* zu $4 \times 4 = 16$ *digiti*. Auch ist in der indoeuropäischen Ursprache *octo(u)* für „acht" sprachlich eine Zweizahl (Dual),[1] ebenso wie im Griechischen und im Lateinischen (*octo* neben *septem, novem, decem*!), und bedeutet also wohl eine Verdopplung von vier. Konsequenterweise kommt nach acht, wenn die beiden Handbreiten verbraucht sind, eine „neue" Zahl.

---

[1] Der Dual ist eine Form der indoeuropäischen Ursprache, die später in den Einzelsprachen immer mehr geschwunden und heute nur noch in Resten erhalten ist; im Deutschen hat der Dual durch die Worte *Paar* oder *beide* überlebt, im Mittelhochdeutschen existiert der Dual *ez* „ihr beide" neben der Mehrzahl *ihr* und hat im Bairischen als *eß* überlebt, ähnlich wie *wat* „wir beide" oder *jat* „ihr beide" im Nordfriesischen.

Kapitel 2

Geschichte der Zahlen

ohl für immer unergründlich liegen die Ursprünge des Zählens im Dunkel der Vergangenheit. Die frühesten archäologischen Belege sind Knochen, die als Kerbstöcke dienten, und stammen aus dem Aurignacien (35 000 - 20 000 v. Chr.), also aus der Zeit des Cro-Magnon-Menschen. Das älteste Fundstück ist der Lebombo-Knochen, das Wadenbein eines Pavians, auf dem sich 29 Einkerbungen befinden. Es wurde in Swasiland im südlichen Afrika gefunden und auf etwa 35 000 v. Chr. datiert. Vermutlich stellt es den Mondzyklus dar, es ähnelt den noch heute in Namibia gebräuchlichen Kalenderstäben.

Zu der damaligen Zeit waren die Menschen noch Jäger und Sammler. Anders als bei den erst viel später sesshaft gewordenen und auf die Landwirtschaft angewiesenen Menschen gab es keine Notwendigkeit für Kalender, also Astronomie. Wer aber *brauchte* solch ein mathematisches und für die damaligen Verhältnisse aufwändiges Werkzeug? Eine mögliche Antwort: Frauen, die damit ihren Menstruationszyklus verfolgen wollten. Auf diese Weise könnten Frauen die Begründerinnen der menschlichen Mathematik sein [20]. Es könnten jedoch, zusätzlich oder stattdessen, religiös oder mystisch geprägte Fragestellungen Ursache für die Beschäftigung mit dem Kalender gewesen sein.

In Dolni Vestonice in Tschechien hat man einen auf etwa 30 000 v. Chr. datierten Wolfsknochen gefunden. Er besitzt 55 Einkerbungen, die in fünf Gruppen zu je 5 kurzen und sechs Gruppen mit je 5 langen Kerben angeordnet sind [1, §1.1]. Der mindestens 20 000 Jahre alte Ishango-Knochen wurde 1950 am Ufer des Eduardsees im Kongo, eines der Quellwasser des Nils, von dem belgischen Geologen Jean de Heinzelin (1920–1998) entdeckt. Der Knochen ist ein werkzeugartiges Objekt von etwa

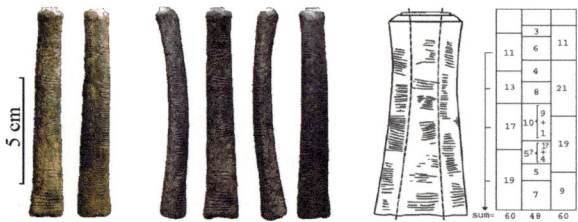

Abbildung 2.1: Der Ishango-Knochen von verschiedenen Seiten und die schematische Ansicht seiner Einkerbungen. Quellen: [I1, I2]

zehn Zentimetern Länge mit einem Quarzeinsatz, wahrscheinlich zum Schreiben, und Einkerbungen, die in verschiedenen Gruppen angeordnet sind. Die Bedeutung dieser Einkerbungen ist bislang rätselhaft [16, S. 10]. Sie bilden drei Säulen, wie in Abbildung 2.1 ersichtlich. Zählt man die Einkerbungen der einzelnen Gruppen der ersten Säule, so erhält man von oben nach unten betrachtet der Reihe nach alle Primzahlen zwischen 10 und 20, während die zweite Säule zunächst mit 3 und 6, dann 4 und 8 die Multiplikation mit 2 zu zeigen scheint.

Etwa 15 000 Jahre nach Erstellung des Ishango-Knochens entstanden die ersten Hochkulturen der Menschheit, und zwar dort, wo Fruchtbarkeit, Klima, Ackerbau und Viehzucht eine sesshafte Lebensweise ermöglichten: in den Oasen längs der großen Flüsse in der heißen Zone um den nördlichen Wendekreis, am Nil, zwischen Euphrat und Tigris, am Jangtse und am Indus, aber auch in Mittelamerika, siehe die Karte auf S. 49.

2.1 Mesopotamien (3200–330 v. Chr.)

Im südlichen Teil Mesopotamiens, des Gebiets der Talebenen zwischen den Flüssen Euphrat und Tigris im heutigen Irak, entwickelten sich zwischen 5400 und 2800 v. Chr. zunächst die sumerischen Stadtstaaten, wie beispielsweise Eridu, Ur oder Uruk, und später von etwa 2800 bis 539 v. Chr. die Reiche der Sumerer (2800 bis 1802 v. Chr.) und der Babylonier (1894 bis 539 v. Chr.).

Die ersten Belege für das Schreiben von Zahlen stammen, wie für das Schreiben überhaupt, von den Sumerern. Die ältesten überlieferten Tafeln mit Zahlzeichen in sumerischer Keilschrift entstanden um 2900 v. Chr. in Uruk. Das alte sumerische System basierte auf der Zahl 60 und bestand aus drei Symbolen für die Zahlen 1, 10 und 60. Etwa um 2000 v. Chr. entwickelte sich daraus das erste Darstellungssystem, bei dem der Wert eines Zahlzeichens auf seiner Position beruhte, und zwar von links nach rechts in der Wertigkeit fallend. Allerdings gab es im Gegensatz zu unserem heutigen System nur zwei Zahlsymbole, nämlich für die Zahlen 1 (Keil ∇) und 10 (Winkelhaken $\langle$). In den Keilschrifttexten in der Zeit 2000 bis 200 v. Chr. wurden die ganzen Zahlen von 1 bis 59 nach der „Gruppierungsmethode" im sexagesimalen Positionssystem geschrieben, indem der Winkelhaken $\langle$ für 10 so oft gesetzt wurde wie Zehner in der Zahl auftraten, und der Keil so oft wie Einer auftraten. Die anderen ganzen Zahlen und Brüche wurden sexagesimal geschrieben. Also lauten z.B.

$$\langle\langle\text{\tiny{ppp}}{}_{\nabla\nabla} = [2,5] = 2 \cdot 10 + 5 = 25, \tag{2.1}$$

$$\langle_{\nabla\nabla}\langle\langle\langle\text{\tiny{ppp}}{}_{\nabla\nabla} = [12,30,5] = 45\,005. \tag{2.2}$$

Die für ein solches System notwendige Ziffer Null gab es zunächst nicht, es wurde nötigenfalls ein Leerraum eingefügt. Das kann natürlich zu Mehrdeutigkeiten führen, beispielsweise kann ⟨ ⟨⟨ als $60^2 + 0 \cdot 60 + 4 = 3604$ gelesen werden, aber auch als $1 \cdot 60 + 4 = 64$ oder $1 \cdot 60^3 + 0 \cdot 60^2 + 0 \cdot 60 + 4 = 216004$. Es musste daher in solchen Fällen aus dem Kontext klar werden oder sprachlich umschrieben sein, welche Zahl nun gemeint war. Erst ab 500 v. Chr., in den neubabylonischen Susa-Texten aus der Perserzeit, finden sich gelegentlich zwei kleine, schräg gestellte Winkelhaken ⧗ als Lückenzeichen im Innern von Zahldarstellungen [1, §1.3.1], aber am Ende einer Zahl wurde es nie verwendet.

Zwar hatten die Babylonier, ebenso wie vorher die Sumerer [10, §13], kein unserem heutigen Dezimalkomma entsprechendes Zeichen, mit dem sie Sexagesimalbrüche schreiben, also die nichtnegativen von den negativen Potenzen von 60 trennen konnten. Da sie aber ein Positionssystem verwendeten, konnten sie mit einer Beschreibung der Größenordnung der betrachteten Zahl ihre Rechnungen ohne sonstige wesentliche Änderungen durchführen. So konnte beispielsweise ⟨⟨⟨⟨⟨⟨ aus Gleichung (2.2) auch für die Zahl $\frac{45005}{216000}$ stehen, denn

$$
\begin{aligned}
\langle\langle\langle\langle\langle\langle = [12, 30, 5] &= 12 \cdot 60^{-1} + 30 \cdot 60^{-2} + 5 \cdot 60^{-3} \\
&= \frac{12}{60} + \frac{30}{60^2} + \frac{5}{60^3} \\
&= \frac{45\,005}{216\,000} \approx 0,208356\ldots .
\end{aligned}
\tag{2.3}
$$

Mit drei Iterationen des heute so genannten Heronverfahrens konnten die Babylonier damit schon um 1675 v. Chr. die Näherung[1]

$$\sqrt{2} \approx 1 + \frac{24}{60} + \frac{51}{60^2} + \frac{10}{60^3} = 1 + \frac{89\,470}{216\,000} \approx 1,414212963...$$

bestimmen [1, §1.3.6], [19, S. 72ff]. Der Fehler zu dem wahren Wert $\sqrt{2} = 1,4142135623731$ beträgt nur $6 \cdot 10^{-7}$, die Näherung ist also bis auf 6 Dezimalstellen korrekt. Abbildung 2.2 zeigt

Abbildung 2.2: Babylonische Berechnung von $\sqrt{2}$. Quelle: [YBC]

einen Keilschrifttext der Yale Babylonian Collection, in dem ein Quadrat der Seitenlänge ⧯⧯⧯ = [30] = 1/2 und dessen Diagonale ⧯ ⧯⧯ ⧯⧯⧯ = [45, 25, 35] ≈ $\sqrt{2}/2$ dargestellt ist, sowie das Doppelte davon, ⧯ ⧯⧯ ⧯⧯⧯ = [1; 24, 51, 10] ≈ $\sqrt{2}$.

Die Basis 60 dieses ersten Positionssystems der Menschheit lebt noch heute in unserer Zeit- und Winkelmessung weiter [16, S. 10]. Allgemein heißt ein Stellenwertsystem zur Basis 60 *Sexagesimalsystem*. Warum aber eigentlich ausgerechnet 60 als Basis? Eine plausible Begründung könnte in der Normierung von Maßen liegen [19, S. 66]: Gesucht war eine Obereinheit zu dem Grundmaß, die man halbieren, dritteln, vierteln und fünfteln

---

[1] Das Heronverfahren, d.h. die Rekursion $a_{n+1} = \frac{1}{2}(a_n + \frac{2}{a_n})$, liefert mit $a_0 = 1$ im Sexagesimalsystem zunächst $a_1 = \frac{3}{2} = 1 + \frac{30}{60}$, dann $a_2 = \frac{17}{12} = 1 + \frac{25}{60}$, und schließlich $a_3 = \frac{577}{408} \approx 1 + \frac{24}{60} + \frac{51}{60^2} + \frac{10}{60^3}$. Eine exakte Bruchrechnung mit rationalen Zahlen war den Babyloniern übrigens nicht bekannt.

konnte, so dass stets wieder ganzzahlige Vielfache der Grundeinheit entstanden; die kleinste Zahl, mit der das geht, ist eben die 60. Tatsächlich waren die Gewichte, die zugleich Geldeinheiten waren, sexagesimal geordnet, 1 Talent = 60 Minen (ma-na), 1 Mine = 60 Scheffel.

Ifrah [10, S. 94f] schlägt eine andere Erklärung vor, nach der das Sexagesimalsystem bei der Einwanderung der Sumerer in das Zweistromland als die Symbiose zweier verschiedener Zahlsysteme der aufeinander stoßenden Kulturen entstanden sein könnte, eines zur Basis 5 oder 10, und eines zur Basis 12. Interessanterweise gibt es heute noch in Bereichen des mittleren Ostens und Indiens eine Zählweise mit Hilfe der 12 Fingerglieder der rechten Hand, wobei der Daumen als Zähler dient. Auf der anderen Seite basierten die Zahlwörter der Su-

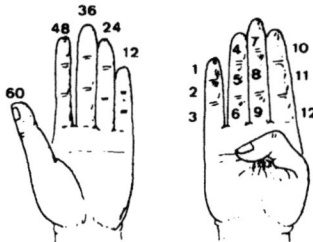

Abbildung 2.3: Zählung im 12er- und 60er-System. Quelle: [10, S. 95]

merer ganz offensichtlich auf der Basis 5. Die Basis 60 wäre in dieser Hinsicht ein natürlicher Kompromiss, der es erlaubte, beide althergebrachten Zählweisen der Kulturen weitgehend zu erhalten, und gewissermaßen als Zusatznutzen die oben genannten vorteilhaften Teilbarkeitseigenschaften mitbrachte.

2.2 Ägypten (3000–1788 v. Chr.)

Mit der Vereinigung der Königreiche Unterägypten und Oberägypten durch König Narmer und vollendet durch seinen

Sohn König Menes um 2950 v. Chr. beginnt die Geschichte der 30 ägyptischen Dynastien und damit die eigentliche Geschichte Ägyptiens. Etwa um diese Zeit nahm das Land einen plötzlichen kulturellen Aufschwung, es entstand die erste Schrift der Ägypter, die *Hieroglyphen*, und mit ihr die Zahlzeichen[2] bis zu einer Million:

I	∩	૭	𝄞	ſ	𓆑	𓀠
1	10	100	1000	10 000	100 000	1 000 000

Die Zahlen wurden additiv in einem Zahlsystem der Basis 10 dargestellt, vermutlich aufgrund der zehn Finger eines Menschen, für jede Zehnerpotenz bis zu einer Million gibt es ein eigenes Zahlzeichen. Jedes Zahlzeichen wird so oft gesetzt, wie die betreffende Zehnerpotenz in der Zahl vorkommt. So gilt 𓆑 𓆑 ſ ſ 𝄞 = 221 000, ſ ∩ = 10 010, oder

$$\text{𓀠 𓀠 ≥ ſſſſ 𝄞𝄞𝄞 ૭૭ ∩∩∩∩ III / ſſſ 𝄞𝄞 ૭૭ ∩∩∩∩∩ III} = 2\,375\,486. \qquad (2.4)$$

Dabei ist die Reihenfolge, in der die Zeichen angeordnet werden, prinzipiell gleichgültig. Additionen sind mit dieser Darstellung kein Problem, so ist ∩II und ∩I gleich ∩∩IIII = 12 + 11 = 23.

Die Ägypter betrieben Bruchrechnung bis auf wenige Ausnahmen nur mit Stammbrüchen, also Kehrwerten natürlicher Zahlen $\frac{1}{n}$. Zur Kennzeichnung solcher Brüche hatten sie ein besonderes Zeichen, sie setzten das Symbol ⌣ (ursprünglich „Mund", hier aber „Teil") über den Nenner n, also $\widehat{n}$. So ist beispielsweise $\widehat{\cap\text{II}} = \frac{1}{12}$, oder $\widehat{\text{III}} = \frac{1}{6}$. Hatte die Zahl zu viele Symbole, so schrieb man die Mund-Hieroglyphe nur über den

---

[2] Das Symbol ⌣⌣ für die Null ist erst seit dem 2. Jahrhundert v. Chr. bekannt [7, §A.1.1.3]. Zu dieser Zeit verwendete bereits der griechische Astronom Hipparchos in Kenntnis babylonischer Quellen die Null als Zeichen.

ersten Teil der Zahl, die restlichen Symbole wurden daneben geschrieben:

$$\text{🬀🬁🬂} = \frac{1}{249}. \tag{2.5}$$

Für $\frac{1}{2}$ verwendete man ein eigenes Symbol, ⬤ $= \frac{1}{2}$. Daneben
gab es noch Symbole für die „natürlichen Brüche" $\frac{2}{3}$ (⬤) und $\frac{3}{4}$
(⬤). Um mit allgemeineren Brüchen zu rechnen, erstellten die
Ägypter auf dem Rhind-Papyrus um 1650 v. Chr. Tabellen für
$\frac{2}{n}$ mit ungeradem n als Summen von Stammbrüchen, ⬤ ⬤ $=$
$\frac{1}{6} + \frac{1}{12} = \frac{3}{12}$. Vgl. [1, §1.2], [7, §1.1].

2.2.1　Die hieratische Schrift

Die Hieroglyphen wurden vorwiegend verwendet, um Texte auf
Stein oder Metall zu schreiben. Für den praktischen Alltag mit
Tinte auf Papyrus gab es etwa seit 2900 v. Chr. eine viel ökono-
mischere Notation, die *hieratische Schrift* [LH1]. Die Darstellung von Zahlen war der Hieroglyphenschreibweise sehr ähnlich, nur wurden zur Vereinfachung mehrere Hieroglyphenzei-
chen zu weniger oder nur einem Zeichen zusammengefasst, siehe Abbildung 2.4. Wie bei den Hieroglyphen ist auch im hieratischen Zahlsystem die Reihenfolge der Zahlen gleichgültig,
beispielsweise ist

$$\text{🬀🬁🬂🬃} = \text{🬄🬅🬆🬇} = 2765. \tag{2.6}$$

Für die Zahl 9999 benötigt man mit der hieratischen Schreibweise nur vier Zahlen, mit den Hieroglyphen dagegen 36 Symbole.
Die Idee einer auf Ziffern beruhenden dezimalen Zahldarstellung war also bereits geboren.

1	𝟏	10		100		1000	
2		20		200		2000	
3		30		300		3000	
4		40		400		4000	
5		50		500		5000	
6		60		600		6000	
7		70		700		7000	
8		80		800		8000	
9		90		900		9000	

Abbildung 2.4: Hieratische Zahlen um 1800 v. Chr. Quelle: [LH2]

2.3 Phönizien (1200–800 v. Chr.)

Die Phönizier waren ein semitisches Volk im Norden des antiken Kanaan, das Gebiet des heutigen Libanons und Syriens. Ihr Reich bestand aus Stadtstaaten mit politischer Selbständigkeit, die wichtigsten waren Arados, Byblos, Berytos, Sidon und Tyros, welches in der Zeit zwischen 1000 bis ca. 774 v. Chr. die führende Macht unter den Städten war. Karthago im heutigen Tunesien war eine phönizische Kolonie.

Die erste rein alphabetische Schrift, also eine Schrift, bei der ein Buchstabe nur einen bestimmten Laut repräsentiert, wurde etwa um 1500 v. Chr. von semitischen Gastarbeitern der damals zum ägyptischen Herrschaftsbereich gehörenden Halbinsel Sinai erfunden. Das geschah vermutlich in Anlehnung an die hieratische Schrift bzw. die Hieroglyphen, die eine Mischung aus Wort- und Konsonantenschrift war. Das altsinaitische (oder protokanaanitische) Alphabet umfasste die Konsonanten des von ihren Erfindern gesprochenen Dialekts. Um 1200 v. Chr. entwickelten die Phönizier daraus ihr Alphabet, wobei sie es schreibökonomisch weiter vereinfachten [3]. Das phönizische Alphabet wie-

phönizisch (um -1200 in Libanon, Israel; linksläufig)
  – aramäisch (um -900 in Syrien; linksläufig)
    – Brāhmī (um -500 in Nordindien, Pakistan; vorw. rechtsläufig)
    – hebräisch (um -300 in Israel; linksläufig)
    – Kharosthi (um -250 in Pakistan, Afghanistan; vorw. linksläufig)
    – arabisch (um 400 in Jordanien, Nord-Arabien; linksläufig)
  – griechisch (um -800 in Griechenland; rechtsläufig)
    – lateinisch (um -600 in Italien; rechtsläufig)

Abbildung 2.5: Stammbaum der Alphabete (Gebiete mit den heutigen Bezeichnungen) und der Schreibrichtung [LA].

derum ist die Wurzel fast aller heute gebräuchlichen Schriftsysteme bis auf die ostasiatischen Schriften (Abbildung 2.5). In ihm wurden Zahlen durch Buchstaben dargestellt [16, S. 10].

Aleph	Beth	Gimel	Daleth	He	Waw	Zajin	Chet	Tet	Jod	Kaph
1	2	3	4	5	6	7	8	9	10	20
Lamed	Mem	Nun	Samech	Ajin	Pe	Zade	Qoph	Resch	Shin	Taw
30	40	50	60	70	80	90	100	200	300	400

Das Zahlsystem ist wie das ägyptische Zahlsystem kein Positionssystem, die Zahlzeichen werden einfach aufaddiert. Beispielsweise ist $\triangleleft\,\mathrm{I}\,\mathrm{O}\,\curlywedge\,\langle\,\maltese = 200 + 7 + 70 + 10 + 30 + 1 = 318$. Durch die Doppelbedeutung der Zeichen als Buchstaben wie auch als Zahlen kann damit ein Text gleichzeitig eine Zahl darstellen. Beim Verfassen des Alten Testaments in der hebräischen Schrift dürfte dieser Tatbestand eine nicht unerhebliche Rolle gespielt haben [17, S. 19].

2.4 Die Griechen (400 v. – 150 n. Chr.)

Das klassische griechische Alphabet entstand direkt aus dem phönizischen Alphabet, wobei das Problem auftrat, dass einige der phönizischen Konsonanten im Griechischen gar nicht existierten. Die Griechen behalfen sich, indem sie diese Zeichen für Vokale verwendeten. So wurde beispielsweise aus dem Gutturallaut ✦ der Buchstabe α *(Alpha)* für den ähnlich klingenden Vokal A. Es entwickelten sich zunächst regionale Alphabete, im Jahre 403 v. Chr. (anderthalb Jahrhunderte nach Thales) wurde dasjenige aus Milet amtlich in ganz Griechenland eingeführt, welches von links nach rechts geschrieben wurde. Das lateinische Alphabet geht auf eine westgriechische Variante zurück, die von den Römern übernommen wurde.

Die Griechen übernahmen im Wesentlichen auch die Zahldarstellung der Phönizier, jeder Buchstabe entsprach also gleichzeitig einer Zahl. Das griechische („milesische") Zahlsystem wurde jedoch auf 27 Zahlzeichen[3] erweitert:

α	β	γ	δ	ε	F,ς	ζ	η	θ	ι	κ	λ	μ	ν	ξ	o	π	ϱ,ς
1	2	3	4	5	6	7	8	9	10	20	30	40	50	60	70	80	90

ρ	σ	τ	υ	φ	χ	ψ	ω	λ
100	200	300	400	500	600	700	800	900

Hierbei sind die drei Zeichen F für 6 *(digamma*, entstanden aus dem sechsten Buchstaben *Waw* des phönizischen Alphabets, später ersetzt durch die Ligatur *Stigma* ς), ϱ für 90 *(qoppa*, entstanden aus dem 19. Buchstaben *Qof* des phönizischen Alphabets, später ersetzt durch das *numerische Qoppa* ς) und λ für 900

---

[3]Unsere heutige Verwendung des Buchstabens π für das Verhältnis von Kreisumfang zu Kreisdurchmesser war den Griechen unbekannt. Diese Bedeutung für π führte der Engländer William Jones erst 1706 ein, Leonhard Euler schloss sich dieser Verwendung in seinem Werk *Introductio in analysin infinitorum* von 1748 an und machte sie dadurch populär [11, S. 198]. Archimedes verstand unter π die Zahl 80.

(*sampi*, entstanden aus dem 18. Buchstaben *Zade* des phönizischen Alphabets) reine Zahlzeichen. Für die ersten neun Tausender wird eine Art Komma vor die entsprechenden Einersymbole gesetzt, also

$$,\alpha = 1000, \qquad ,\beta = 2000,$$

usw., und für die Zehntausender wurde das Zahlzeichen über einem M (für $M\upsilon\rho\iota\acute{\alpha}\varsigma$ – Myriade) geschrieben. Beispielsweise ist $\chi\xi\varsigma = \chi\xi F = 600 + 60 + 6 = 666$, oder

$$,\alpha\tau\varepsilon = 1000 + 300 + 5 = 1305,$$

$$\overset{\beta}{M},\varepsilon\mu\gamma = 20\,000 + 5000 + 40 + 3 = 25\,043.$$

Eine Zahl wird oft mit einem Apostroph (') beendet oder mit einem Strich überdacht, um sie von normalem Text zu unterscheiden. Diese Zahldarstellung wurde etwa ab 450 v. Chr. in mathematischen Texten verwendet. Daneben hatten die Griechen eigene Zahlwörter für die Zahlen 1 bis 12 [L1], ähnlich wie im Deutschen oder Englischen heute auch.

Der Kehrwert einer Zahl wurde durch einen hochgestellten Akzent hinter der Zahl dargestellt, also $\zeta' = \frac{1}{7}$. Es gab jedoch keine einheitliche Schreibweise für allgemeine Brüche, oft wurde der Zähler *unter* den Nenner geschrieben, also $\frac{\zeta}{\gamma} = \frac{3}{7}$. Diese Schreibweise kommt schon etwa in der Zeit des Archimedes im dritten Jahrhundert v. Chr. auf, vor ihm kommen in der griechischen Mathematik überhaupt keine Brüche vor. In einem Papyrus aus dem ersten Jahrhundert n. Chr. findet man die uns geläufige Schreibweise mit dem Zähler über dem Nenner, also $\frac{\gamma}{\varepsilon} = \frac{3}{5}$ [19, S. 81].

2.4.1 Die Entstehung des Zeichens der Null

Durch die Eroberung der sich inzwischen unter persischer Herrschaft befindlichen ehemals babylonischen Gebiete durch Alexander den Großen 331 v. Chr. und dessen Anordnung, die astronomischen Tafeln der Babylonier zu übersetzen, gelangten die Kenntnisse der babylonischen Astronomie und des babylonischen Zahlsystems nach Griechenland. Der griechische Astronom Hipparchos verwendete um 150 v. Chr. nach babylonischem Vorbild ein Stellenwertsystem zur Basis 60 mit einem speziellen Symbol für die Null als Platzhalter, Ptolemäus schrieb um das Jahr 140 die Null als $\overline{o}$, $\bar{o}$ und o. In seinem *Almagest* teilt er den Kreis nach babylonischem Beispiel in 360 Grade ein, jedes Grad in 60 Minuten und jede Minute in 60 Sekunden, und schreibt [19, S. 83]

$$\mu\zeta\ \mu\beta'\mu'' \quad \text{für} \quad 47°\,42'\,40", \tag{2.7}$$

und [12, S. 399]

$$\mu\alpha\ o'\ \iota\eta'' \quad \text{für} \quad 41°\,0'\,18". \tag{2.8}$$

In diesem Sexagesimalsystem sind Verwechslungen des Nullzeichens mit dem Zahlzeichen für 70 nicht zu befürchten, da Zahlen über 60 bei den Minuten und Sekunden nicht vorkommen. Kurzum: Die Null als Symbol ist da, auch ein Positionssystem zur Basis 60, aber kein *ein*stelliges Positionssystem, da man nicht für jede Zahl von 0 bis 59 ein einzelnes Zahlzeichen zur Verfügung hat.

2.5 Die Maya (300 v. – 900 n. Chr.)

Die Zivilisation der Maya entstammte einer uralten Kultur aus dem Gebiet der Halbinsel Yucatán im heutigen südlichen Mexiko, Guatemala, El Salvador, Honduras und Belize, von der archäologische Funde aus 2000 v. Chr. bekannt sind. Die klassische Maya-Kultur erblühte insbesondere zwischen 300 und 900 n. Chr. auf der gesamten Halbinsel.

Die ersten schriftlichen Zeugnisse der Maya im Tiefland stammen aus den Zentren des Frühen Klassikums um 300 v. Chr. [13]. Die älteste monumentale Inschrift mit einer genauen Datumsangabe nach dem hochentwickelten Maya-Kalender ist auf den 8.7.292 n. Chr. datiert [L2]. Die Maya-Schrift ist eine Hieroglyphenschrift. Um das Jahr 400 war sie eine voll entwickelte Schrift und kam ohne erläuternde Bilder oder Worte aus [L2].

Das Zahlsystem der Maya ist ein Positionssystem zur Basis 20 (mit der Anomalie, dass statt mit 20^2 stets mit 360 gerechnet wird, s.u.), in dem eine Zahl in ihrer Stellenwertigkeit von oben nach unten geschrieben wird. Es gibt drei Zahlsymbole, ein Punkt ● für die Zahl 1, ein Querstrich — für die Zahl 5, sowie ein spezielles Zeichen für die Null ☉ (ein leeres Schneckenhaus) [11, S. 50], [L2]. Hierbei werden für jede Potenz von 20

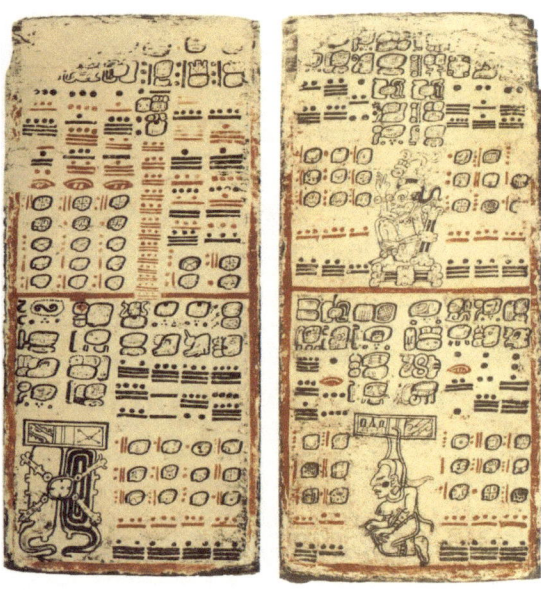

Abbildung 2.6: Zwei Seiten der Sonnenfinsternistabelle des Dresdener Kodex. Abbildung aus [9, S. 15]

die Anzahl der vollen Fünfer als Striche übereinander geschrieben und darüber die Anzahl der verbliebenen Einer als Punkte nebeneinander. Maximal können daher drei Fünferstriche und vier Einerpunkte (für 19) erscheinen. Beispielsweise gilt

$$= (5+2) \cdot 20 + (5+3) = 148, \tag{2.9}$$

oder

$$= (5+3) \cdot 20 + (3 \cdot 5 + 2) = 177. \tag{2.10}$$

Diese Zahlen tauchen am Fuß sowohl der unteren Hälfte der linken Seite als auch der oberen und unteren Hälfte der rechten Seite in Abbildung 2.6 auf. Hierbei gibt 148 die Anzahl der Tage von fünf Mondzyklen an, 177 diejenige von sechs Mondzyklen. Zu erkennen ist, dass auf den beiden dargestellten Seiten insgesamt 88 Mondzyklen in 13 6er-Zyklen von 177 Tagen und zwei 5er-Zyklen von 148 Tagen eingeteilt sind. Alles in Allem ergibt das einen Zyklus von $13 \cdot 177 + 2 \cdot 148 = 2301$ Tagen, was einem durchschnittlichen Zyklus von $173\frac{2}{15} = 173,1\overline{3}$ für eine Mondfinsternis entspricht (die allerdings nicht immer vom selben Ort aus beobachtbar ist). Der tatsächliche Wert beträgt 173,31 Tage [18, §2.1.5].

Die Notation der Maya ist mit nur drei Ziffern eines der ökonomischsten Zahlsysteme, das die Menschheit je erdacht hat. Um so eigenartiger erscheint die Anomalie in der Basis dieses Stellenwertsystems, dass statt mit 20^2 mit $18 \cdot 20 = 360$ gerechnet wird. Ab der dritten Stelle $n \geq 2$ wird also statt mit einer reinen 20er-Potenz 20^n mit $18 \cdot 20^{n-1}$ gerechnet. So gilt beispielsweise

$$
\left.\begin{array}{l}
\bullet \quad\} 18 \cdot 20^2 = 7200 \\
\text{\oplus} \quad\} 18 \cdot 20 = 360 \\
\underline{\bullet\bullet} \quad\} 20^1 = 20 \\
\bullet \quad\} 20^0 = 1
\end{array}\right\}
= \left\{\begin{array}{l}
\quad\; 1 \cdot 7200 \\
+ \;\; 0 \cdot \;\; 360 \\
+ 12 \cdot \;\;\; 20 \\
+ \;\; 1 \cdot \;\;\;\; 1
\end{array}\right\} = 7441.
$$

Warum diese Anomalie? Der Grund lag wahrscheinlich darin, dass diese Zahlen vorwiegend von wenigen Priestern verwendet wurden, die für Kalenderberechnungen zuständig waren. In dem Maya-Kalender wurde das Jahr in 18 Monate à 20 Tage eingeteilt, plus einem Extramonat mit 5 Tagen. Die sogenannte Langzählung *(long count)* zählte die Tage vom 12. August 3031 v. Chr. an und wurde stets mit den Koeffizienten der Potenzen 1, 20, 360, 7200, ..., $18 \cdot 20^n$ Tagen angegeben [11, S.51ff].

Die Maya kannten weder Brüche noch Nachkommastellen [10, S. 298]. Dennoch verwendeten die Astronomen der Maya sehr genaue Werte für die Dauer eines Sonnenjahrs (365,242 Tage gegenüber dem heute bekannten Wert 365,24198) oder der Mondperiode: 149 Mondzyklen dauerten ihren Rechnungen gemäß 4400 Tage, das entspricht einer synodischen Umlaufzeit von 29,5302 Tagen — der heute verwendete Wert beträgt 29,53059 [11, S. 54], [18, §2.1.4].

2.6   China (200 v. Chr. – 800 n. Chr.)

Die chinesische Schrift und das altchinesische Zahlsystem entwickelten sich bereits um 1500 v. Chr., die ersten Zahlzeichen als Hieroglyphenziffern sind aus der Han-Zeit ab etwa 200 v.Chr. bekannt, um 100 v. Chr. auch negative Zahlen [1, S. 5]. Das altchinesische Zahlsystem war ein Dezimalsystem nach dem multiplikativen Prinzip, das aus Individualzeichen für die Zahlen 1 bis 9 und für die Zehnerpotenzen 10, 100, 1000, 10000 bestand.

一	二	三	四	五	六	七	八	九	十	百	千	萬
1	2	3	4	5	6	7	8	9	10	100	1000	10 000

Eine Zahl wird als Summe der Zehnerpotenzen dargestellt, also $20 = 2 \cdot 10$ oder $4035 = 4 \cdot 10^3 + 3 \cdot 10 + 5$, und zwar in der Wertigkeit von oben nach unten wie in Abbildung 2.7. Mit die-

四 4
萬 10000
一 1
千 1000
九 9
百 100
五 5
十 10
七 7

Abbildung 2.7: Darstellung der Zahl 41957 nach dem altchinesischen Zahlsystem (aus [1, §3.1.1])

sem System kamen die Chinesen vollständig ohne Null aus, eine fehlende Zehnerpotenz wird in der Summendarstellung einfach weg gelassen.

Seit etwa 200 v. Chr. wurde in China das Rechenbrett eingesetzt, auf dem das Positionssystem zur Basis 10 angewandt wurde, allerdings mit eigenen Zahlsymbolen für die ungeraden Zehnerpotenzen. Die Zahlen wurden durch Stäbchen aus Holz, später aus Gusseisen oder Elfenbein, ausgelegt. Ihre Ausrichtung und Position bestimmten ihren Wert gemäß der folgenden Zuordnungstabelle, wobei die ersten neun Symbole die Einer, Hunderter und allgemein die geraden Zehnerpotenzen 10^{2n}, und die letzten neun die Zehner, Tausender und allgemein die ungeraden Zehnerpotenzen 10^{2n+1} darstellten:

│	‖	‖	‖‖	‖‖‖	⊤	⊤	⊤	⊤
1	2	3	4	5	6	7	8	9

—	=	≡	≣	≣	⊥	⊥	⊥	⊥
10	20	30	40	50	60	70	80	90

Dabei wurden die Zehnerpotenzen in ihrer Wertigkeit von links nach rechts abnehmend notiert. Beispielsweise ist [1, §3.1.1]

$$\perp \top = (70 + 9) \cdot 100 + (20 + 8) = 7928. \qquad (2.11)$$

In diesem System benötigt man zur Darstellung der natürlichen Zahlen ein Nullzeichen, das die Chinesen erst seit dem Jahr 718 kannten, stattdessen ließen sie eine Lücke [1, §3.1.1]:

$$\top \quad \parallel \top = 70316 \qquad (2.12)$$

Durch die besonderen Symbole für die ungeraden Zehnerpotenzen verhindert diese Darstellung gewisse Mehrdeutigkeiten, beispielsweise könnte man 70 316 schnell verwechseln mit $\top \parallel \top = 7316$ oder $\top \quad \parallel \top = 700316$. So versuchten die Chinesen das Problem der Mehrdeutigkeit eines dezimalen Positionssystems mit nur neun Ziffern anzugehen, indem sie neun weitere einführten. Die Idee, es mit nur *einer* zusätzlichen Ziffer zu lösen, kam erst den Indern im siebten Jahrhundert.

2.7 Indien (250 v. Chr. – 700 n. Chr.)

Um 2500 v. Chr. blühte im Indus-Tal im Gebiet des heutigen Pakistans und nördlichen Indiens eine hochentwickelte Stadtkultur mit Häusern aus gebrannten Ziegeln und Badezimmern, Kanalisation und rechtwinklig angelegten Straßen. Aus dieser Zeit wurde eine Schrift gefunden, die aber bislang nicht entziffert werden konnte. Mathematische Kenntnisse belegt ein aus einer Muschel angefertigtes Lineal mit Dezimaleinteilung.

Etwa um 2000 v. Chr. kamen arische Stämme aus Nordwesten nach Indien und unterwarfen die einheimische Bevölkerung. Ihre Sprache, der auch die Bezeichnung *Arier* „der Edle" entstammt, war Sanskrit. Sie verbreitete sich in Indien während der folgenden tausend Jahre. Stufenweise dehnte sich der Einfluss der Eroberer aus und es entstand die Aufteilung der Bevölkerung in Kasten, deren höchsten Rang, die Adligen und Geistlichen, die neuen Herren vertraten. Diese Zeit bringt bis auf die *Śulbasūtras* (Schnurregeln), die zur Konstruktion der komplizierten Opferaltäre der „vedischen" Naturgötterreligion verwendet wurden und für die der Satz des Pythagoras bekannt sein musste [14, §3.3.0], offenbar kaum nennenswerte wissenschaftliche Entwicklungen hervor. Erst ab 550 v. Chr. wurde die Herrschaft der Arier durch Ausbreitung des Buddhismus aus Ostindien und der zeitgleichen Invasion des Punjabs (Fünfstromland) durch Armeen des Perserkönigs Darius beendet.

Nach dem Eindringen Alexanders des Großen 327 v. Chr. ergaben sich über die seinem Tod nachfolgenden Seleukiden-Monarchien, die sich über Syrien, Mesopotamien, Persien und Teile Mittelasiens erstreckten, Kontakte mit babylonischem Kulturgut. In der nachfolgenden Maurya-Dynastie, auf jeden Fall bis unter Ashoka um 250 v. Chr., entstanden mit dem von der aramäischen Schrift abstammenden, allerdings von links nach rechts geschriebenen Brāhmī-Alphabet die Vorläufer unserer heutigen Zahlensymbole, die Brāhmī-Zahlen:

eka	*dvi*	*tri*	*catur*	*pañcha*	*ṣat*	*sapta*	*aṣṭa*	*nava*
1	2	3	4	5	6	7	8	9

10	20	30	40	50	60	70	80	90	100	1000

Für die Einer und die Zehner sowie für die Zahlen 100 und 1000 gibt es besondere Zeichen. Hier werden die Vielfachen von Tausend multiplikativ angegeben. Die anderen Zahlen werden additiv zu Ligaturen zusammengesetzt, z.b. γ = 200, $\mathcal{H}$ = 500, $\mathcal{P}$ = 4000, $\mathcal{H}$ = 70 000.

Der Ursprung der Brāhmī-Zahlen ist unbekannt. Sie wurden ausschließlich zur Darstellung von Zahlen verwendet, in dieser Hinsicht ähnlich den babylonischen und ägyptischen Zahlzeichen, und nicht wie in allen anderen vom Phönizischen abstammenden Schriften der Antike eine Doppelbedeutung als Buchstabe und als Zahl besaßen. Vermutlich sind sie, ähnlich wie die Zahlsymbole der hieratischen Schrift, aber unabhängig von ihnen, aus schreibökonomischen Vereinfachungen ursprünglich primitiver Strichgruppen entstanden [10, S.391].

Sechs Jahrhunderte später, ab 330 n. Chr., erlebte in der Gupta-Dynastie das Sanskrit eine Renaissance, und Indien wurde mit zahlreichen Universitätsgründungen zu einem Zentrum für Wissenschaft, Kunst und Medizin. Das älteste erhaltene Werk zur indischen Astronomie ist die anonyme Schrift *Siddhānta* (Lehre von der Sonne) aus dem 5. Jahrhundert, in dem eine in Versen geschriebene Sinustafel vorkommt. So lernten die indischen Astronomen mathematische Tafeln in Versen auswendig. Stand die Mathematik bis dahin im Dienste der Religion, so vollzog sich hier ein Wechsel zur Astronomie.

2.7.1 Poetische Mathematik: das erste dezimale Stellenwertsystem

Sowohl durch die alexandrinischen Feldzüge 327 v. Chr. als auch durch die engen Beziehungen zum Persischen Reich der Sassaniden-Dynastie 226 bis 641 n. Chr. kannten die indischen Gelehrten die babylonische und griechische Astronomie, insbesondere deren sexagesimales Positionssystem.

Die ersten Stellenwertdarstellungen sind indischen Astronomen bereits um 500 bekannt. Die Zahlen sind aber noch nicht in Ziffern, sondern in Wortzahlen oder Sinnbildern abgefasst und in Verse gehalten. So wird beispielsweise für die Zahl 1 der Mond angegeben, da es ihn nur einmal gibt; für die Zahl 2 gelten Flügel, Zwillinge oder Augen, da sie immer als Paar auftreten; für die Zahl 5 stehen die (fünf) Sinne. Diese Worte werden ähnlich unserem heutigen Dezimalsystem aneinandergereiht, nur begann man mit den Einern und endete mit der höchsten Zehnerpotenz, entgegen der ursprünglichen Brāhmī-Schreibweise. Zum Beispiel ist

śaṣi	*pakṣa*	*kha*	*eka*
शअषइ	पअकसअ	खअ	एकअ
1	2	0	1

also 1021 = Mond Flügel Loch Eins. Das erste bekannte Dokument, das dieses Positionssystem verwendet und eine Null (nämlich das Wort *kha* „*Leere*") verwendet, ist die *Lokavibhāga* („*Teile des Weltalls*") aus dem Jahre 458, ein Sanskrit-Text über die Kosmologie der Jaina, einer im sechsten vorchristlichen Jahrhundert im Nordosten Indiens entstandenen religiösen Sekte. Beispielsweise ist dort die Zahl 13 107 200 000 in Positionsschreibweise angegeben [10, S. 416].

Warum verwendeten die indischen Wissenschaftler Zahlwörter, nicht jedoch die bereits bekannten Brāhmī-Ziffern? Die Texte wurden in Sanskrit geschrieben, das in Indien eine ähnliche Rolle wie Latein und Griechisch in Europa spielte, gesprochen wurden ganz andere Dialekte. Sanskrit war zudem die „Sprache der Götter", *samskrita* bedeutet „vollständig", „perfekt", „definitiv". Vermutlich wurden die im Alltagsgebrauch verwendeten Brāhmī-Ziffern als zu vulgär für die Götter empfunden [10, S. 431].

Der Astronom und Mathematiker Āryabhaṭa (476 – um 550)

bediente sich um 510 in seinem Werk Āryabhaṭīya einer eigenen dem spätchinesischem System auf Seite 27 ähnelnden positionellen Schreibweise zur Basis 100 [10, S. 449], indem er die Zahlen durch Silben bezeichnete. Die Vokale a, i, u, l usw. ge-

Vokale								
a	i	u	$r̥$	$l̥$	e	ai	o	au
अ	इ	उ	ऋ	ऌ	ए	ऐ	ओ	औ
1	100	10^4	10^6	10^8	10^{10}	10^{12}	10^{14}	10^{16}

Varga-Konsonanten				
ka	kha	ga	gha	$ṅa$
क	ख	ग	घ	ङ
1	2	3	4	5
ca	cha	ja	jha	$ña$
च	छ	ज	झ	ञ
6	7	8	9	10
$ṭa$	$ṭha$	$ḍa$	$ḍha$	$ṇa$
ट	ठ	ड	ढ	ण
11	12	13	14	15
ta	tha	da	dha	na
त	थ	द	ध	न
16	17	18	19	20
pa	pha	ba	bha	ma
प	फ	ब	भ	म
21	22	23	24	25

Avarga-Konsonanten							
ya	ra	la	va	$śa$	$ṣa$	sa	ha
य	र	ल	व	श	ष	स	ह
30	40	50	60	70	80	90	100

Tabelle 2.1: Āryabhaṭas Zahldarstellung nach dem Brāhmī-Alphabet. (Als Schriftzeichen wird hier der moderne Schriftsatz *Devanagari* verwendet, einer Variante der Brāhmī-Schrift, die erst ab etwa 1200 n. Chr. verwendet wird; Āryabhaṭas Zeichen dürften also ähnlich ausgesehen haben.)

ben die Potenzen von 100 an, die Konsonanten ka bis ma die Werte 1 bis 25 (z.B. $ca = 6$, $ga = 3$, $ṅa = 5$, $cha = 7$), und die 8 übrigen Konsonanten von ya bis ha haben die Werte 30, 40, ..., 100. Beispielsweise lautet die Zahl 57 753 336, d.i. die Anzahl der Umläufe des Mondes in 432 000 Jahren, in seiner Schreibweise चअयअ गइयइ ञउक्षसउ छऋऌऋ, denn

caya	*giyi*	*ṅuśu*	*chr̥lr̥*
चअयअ	गइयइ	ञउक्षसउ	छऋऌऋ
$6+30$	$(3+30) \cdot 100$	$(5+70) \cdot 10^4$	$(7+50) \cdot 10^6$

Die Silben mit a geben also die Einer und Zehner an, die Silben mit i die Hunderter und Tausender usw. [19, S. 90], wobei genau genommen [8, S. 31] die geraden Zehnerpotenzen 10^{2n} durch die von Āryabhaṭa so genannten *Varga*-Konsonanten (*Varga* = „Quadrat") *ka* bis *ma* dargestellt werden, und die ungeraden 10^{2n+1} durch die *Avarga*-Konsonanten (mit den Werten 3, 4, ..., 10). Entsprechend ist खअयअ = *khaya* = 32, und खउयउ = *khuyu* = $(2 + 30) \cdot 10^4$ = 320 000. Āryabhaṭas Zahlensystem ist also kein Positionssystem, eine Zahl wird als Summe ihrer Hunderterpotenzen geschrieben. Eine Null ist in diesem System nicht nötig, fehlende Summenglieder werden einfach weggelassen. Zudem ist das System nicht eindeutig, z.B. ist *ha* = *ki* = 100.

Im Jahre 629 verwendet Bhāskara I (um 600 – um 680) in seinem Kommentar zur Āryabhaṭīya ein echtes dezimales Stellenwertsystem, das eine Null enthält. Er benutzt dazu festgelegte Zahlwörter, fängt mit den Einern an, dann mit den Zehnern usw., beispielsweise schreibt er

viyat	*ambara*	*ākāśa*	*śūnya*	*yama*	*rāma*	*veda*
Himmel	Atmosphäre	Äther	Leere	Urpaar	Rāma	Veda
0	0	0	0	2	3	4

Sein System ist streng positionell, da dieselben Wörter, die beispielsweise eine 4 darstellen, auch den Wert 40 oder 400 haben können [19, S. 90f]. Bemerkenswerterweise schreibt er oft nach einer derart dargestellten Zahl und der Formulierung *aṅkair api* („in Ziffern lautet dies") dieselbe Zahl mit den ersten neun Brāhmī-Zahlen und einem kleinen runden Kreis für die Null [10, S. 415]. Entgegen der Zahlwortschreibweise werden hier die Ziffern in absteigender Wertigkeit von links nach rechts geschrieben, genau wie wir es heute tun.

Damit ist unser heutiges Dezimalsystem den indischen Gelehrten spätestens ab 629 bekannt. Bhāskara hat es vermutlich nicht erfunden, sondern lediglich die damals übliche Schreibweise für Berechnungen auf dem *Pāṭī*, einem mit Staub oder feinem Sand bedeckten Rechenbrett, das waagerecht auf einen Tisch oder den Schoß gelegt wurde und auf dem die Brāhmī-Zahlen geschrieben wurden [10, S. 435 & 466], in einen

Sanskrit-Text übertragen. Sein historisches Verdienst ist es also zumindest, die Ziffern in einem wissenschaftlichen Werk erstmals verwendet zu haben.

Der Erste, der mit der Null als Zahl rechnete und negative Zahlen kannte, war im Jahre 628 Bhāskaras Zeitgenosse und offenbarer Widersacher [8, S. 22ff] Brahmagupta, der mathematische Formeln jedoch auch in Versen schrieb [10, S. 439]. Der Fall $a/0$ wurde allerdings fehlerhaft interpretiert, erst Bhāskara II (1114–1185) behauptete, dass $a/0$ für $a \neq 0$ unendlich sein müsse, und erkannte erstmals, dass die Quadratwurzel einer positiven Zahl sowohl positiv als auch negativ sein kann [1, §3.2.2].

2.7.2 Dezimalbrüche

Dezimalbrüche waren den Indern nicht bekannt [8, S. 55], sie verwendeten nur ganze Zahlen. Wie konnte Āryabhaṭa dann seine Sinustabellen angeben? Er stellte die Werte des Sinus (*ardha-jīva* = Sehnenhälfte) als ganzzahlige Vielfache von $\frac{1}{r} = \frac{1}{3438}$ dar. Weshalb gerade diese Zahl? Wie die Griechen unterteilten auch

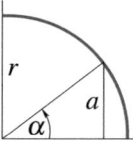

Abbildung 2.8: Āryabhaṭas Sinusberechnung: die Sehnenhälfte $a = \sin \alpha$ im Verhältnis zum Radius $r = 3438$' in Bogenminuten.

die Inder nach babylonischer Tradition den vollen Kreisumfang in $360° = 21\,600$'. Im Gegensatz zu den Griechen drückten die Inder den Radius r eines Kreises jedoch durch die Länge seines Kreisumfangs aus, und zwar in Bogenminuten. Dazu ist das Verhältnis Kreisumfang zu Durchmesser erforderlich, also in unserer Sprechweise der Wert der Zahl π. Sehr früh wurde dafür in Indien die Näherung $\pi = \sqrt{10} \approx 3,162$ verwendet, Ārybhaṭa benutzte den erstaunlich genauen Wert $\pi = \frac{62\,832}{20\,000} = 3,1416$, wobei er ausdrücklich angab, dass es sich dabei nur um einen Näherungswert handelte [8, S. 84]. Damit erhielt er aus $2\pi r = 21\,600$' also $r = 3437,747$', oder aufgerundet eben $r \approx 3438$'. Auf diese Weise bestimmte er beispielsweise die Sinuswerte

a	$0/24$	$1/24$	$2/24$	$12/24$	$24/24$
$\sin\frac{\pi}{2}a$	0'	225'	449'	2431'	3438'

[8, S. 40ff], also in unserer Notation mit den Werten $\frac{225}{3438}$, $\frac{449}{3438}$, $\frac{2431}{3438}$,

$\alpha[°]$	$0°$	$3,75°$	$7,5°$	$45°$	$90°$
$\sin\alpha$	0	0,065445	0,130599	0,707097	1
tatsächl.	0	0,065403	0,130526	0,707107	1

Āryabhaṭa konnte also die Sinuswerte auf drei bis vier Dezimalstellen genau berechnen.

2.7.3 Die Null und die neun Ziffern

Um 600 war die dezimale Positionsschreibweise bekannt — auf jeden Fall in poetischer Form und mit mehr als zehn Zahlwörtern. Allerdings wurde im Alltagsleben bereits das Dezimalsystem verwendet, wie eine Urkunde aus dem Jahr 594 belegt (Abbildung 2.9), wenn auch die Null zu dieser Zeit noch nicht überliefert ist.

Aber die Zutaten zur Einführung des Dezimalsystems mit zehn Ziffern waren alle vorhanden: das Positionssystem (Lokavibhāga, Āryabhaṭa), die Null als Ziffer (Ptolemäus), ein kleinstmöglicher Vorrat an einstelligen Ziffern (Brāhmī-Zahlen). Man musste sie „nur" noch zusammenrühren. Wer am Ende als Erster auf die geniale Idee kam, wissen wir nicht.

Fakt ist, dass ab 629 Bhāskara Zahlen im Dezimalsystem mit den ersten neun Brāhmī-Ziffern und dem Kreis als Null verwendete, mit der griechisch-babylonischen Schreibweise von links

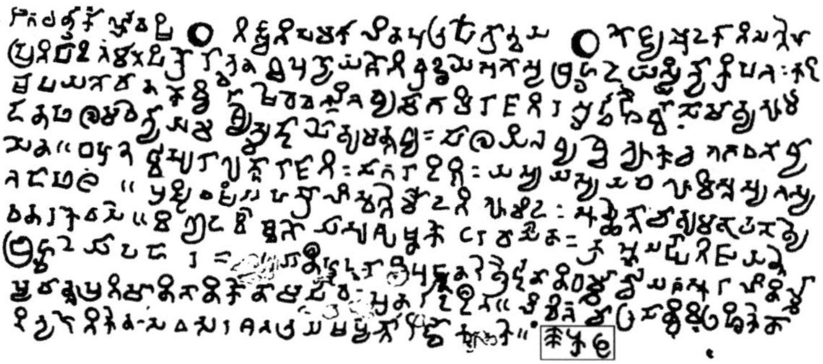

Abbildung 2.9: Schenkungsurkunde aus Sankheda in Gujarat aus dem Jahr 594, das erste bekannte Dokument aus Indien mit einer im Dezimalsystem geschriebenen Zahl, am Ende der letzten Zeile in der Markierung. Sie bezeichnet 346, d.h. nach dem Chedi-Kalender das Jahr 594 n. Chr. Quelle: [10, S. 402].

nach rechts, also genau unser heutiges dezimale Stellenwertsystem. Prinzipiell waren damit auch Nachkommastellen darstellbar. Die Inder, insbesondere Brahmagupta um 628 [15, S. 215], schrieben bei Brüchen ganzer Zahlen jedenfalls den Zähler ohne Bruchstrich über dem Nenner, wie die Griechen in späteren Papyri [19, S. 92].

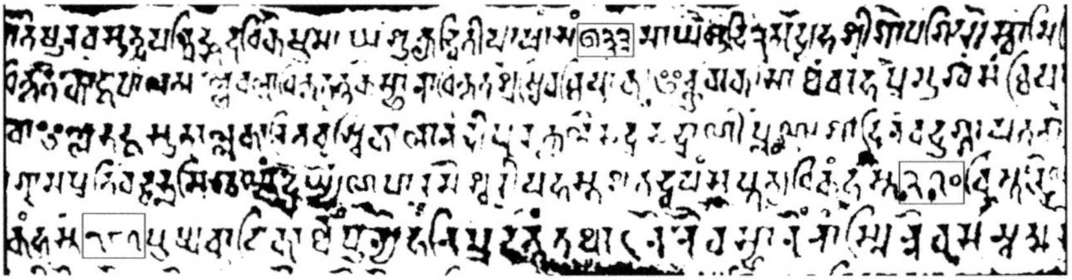

Abbildung 2.10: Die Inschrift von Gwalior, etwa 300 km südlich von Neu-Delhi, das erste gesicherte Zeugnis einer im dezimalen Stellenwertsystem geschriebenen Null, am Ende der vierten Zeile in der markierten Zahl 270. Weitere Zahlen sind die Jahreszahl 933 (d.h. 870 n. Chr.) in der ersten Zeile und die Zahl 187 zu Beginn der fünften Zeile. (Abb. als Negativ aus [12, S. 397].)

Durch die damals engen Beziehungen der Inder zu Persien und Ägypten verbreitete sich das außerordentlich praktische

Zahlensystem recht schnell in diesen Ländern. Die älteste deutliche Bezugnahme auf das indische Stellenwertsystem außerhalb Indiens findet sich 662 in einem Werk des assyrischen Bischofs Severus Sebokht in Keneshra am Euphrat. Erste bekannte und gesicherte Inschriften mit Zahlen im dezimalen Stellwenwertsystem sind eine Khmer-Inschrift in Sambor in Kambodscha aus dem Jahre 683 mit der Zahl ☉•₹ = 605 und eine malaysische Inschrift in Palembang auf Sumatra aus dem Jahr 684 mit den Zahlen ⌒⊙ = 60 und ⌒⊙⌒ = 605. Beide Orte waren zu dieser Zeit im kulturellen Einflussbereich Indiens. Die erste gesicherte indische Inschrift mit einer geschriebenen Null in einer Zahl im Stellenwertsystem ist die von Gwalior aus dem Jahre 870 mit der Zahl ₹₹⊙ = 270, wie man in Abbildung 2.10 erkennen kann [1, §3.2.1], [11, S. 239ff].

Mit der Ausbreitung des Islam und der Toleranz der muslimischen Herrscher gegenüber den Kulturen der eroberten Länder verbreitete sich das indische Zahlsystem in der arabischen Welt.

Erst zu Beginn des 12. Jahrhunderts, als in Spanien das Buch des persischen Mathematikers Al-Chwarizmi (ca. 780 – ca. 850) über Arithmetik von Robert of Chester aus dem Arabischen ins Lateinische übersetzt wurde, gelangten die indischen Ziffern nach Europa. Allerdings sah man sie hier zunächst skeptisch bis offen ablehnend, insbesondere die Null, deren Doppelrolle als „Nichts" und als aufwertende Positionsziffer oft als Werk des Teufels gesehen wurde. Im Mittelalter betrachtete man sie lange nicht als Zahl („Figur") wie die anderen neun [12, S. 423]:

Vnd seyn der bedeutlychen figuren newen [neun]
vnd ain figur ausserhalb dero wirt genant nulla, 0,
die nichts für sich selbst bedeut
aber dye andern bey ir mer bedeuten macht

Am wenigsten Zurückhaltung gegenüber den neuen Zahlen gab

es in Italien. Leonardo von Pisa, bekannt unter dem Namen Fibonacci, schrieb 1202 sein Buch *Liber abaci* („Buch der Berechnungen"). Pragmatisch begann er es mit den Worten [12, S. 425]:

> *Novem figurae Indorum he sunt 9 8 7 6 5 4 3 2 1.*
> *Cum his itaque novem figurae, et cum hoc signo 0,*
> *quod arabic cephirum appelatur, scribitur quilibet*
> *numerus* [4]

Prompt entwickelte sich Italien zu einem Zentrum der Wissenschaft, insbesondere aber der kaufmännischen Rechnung und der Finanzmathematik, wovon heute noch viele Begriffe zeugen: Agio, Konto, Giro, Saldo, Skonto, Valuta, Debit(o), netto, brutto, Bankrott (von *banca rotta*), Prozent (von *per cento*).

Insgesamt fiel Leonardos Wirken in den Höhepunkt der heute so genannten Handelsrevolution. Im frühen Mittelalter wurde der Handel vorwiegend durch fahrende Kaufleute, die *mercatores*, betrieben, die allein oder in Kaufmannszügen von einer Messe oder einer Burg zur nächsten zogen und in der damaligen feudal-agrarischen Gesellschaft sozial niedrig angesehen wurden. Ab dem 10. Jahrhundert verschwanden allmählich die fahrenden Händler, stattdessen gab es zunehmend Kaufleute, deren Waren unterwegs waren, ohne dass sie selbst sie begleiten mussten, und die Geschäftsführer und Partner in den großen Städten Europas hatten. Ein Grund dafür war die Münzreform Karls des Großen, die zeitgleich von dem angelsächsischen König Offa übernommen wurde, durch die der Silberpfennig als Währung eingeführt wurde, mit dem Pfund Silber (französisch *livre*, italienisch *lira*) als Recheneinheit à 240 Silberpfennige. Die beiden wichtigsten Währungen außerhalb des Frankenreichs und Englands basierten dagegen auf Gold, im Oströmischen Reich der

---

[4] „*Die neun Zahlen der Inder sind diese: 9 8 7 6 5 4 3 2 1. Mit ihnen und mit diesem Zeichen 0, die auf Arabisch* cephirum *[Ziffer] heißt, kann jede beliebige Zahl geschrieben werden*"

um 310 eingeführte *solidus* (Schilling, *sou*) im Wechselkurs à 12 Pfennige, im Islamischen Reich der um 696 eingeführte Dinar. Begünstigt durch ein starkes Bevölkerungswachstum und durch Überschüsse in der Landwirtschaft kam im Hochmittelalter Mitte des 11. bis 13. Jahrhundert daraufhin zunehmend mehr Geld in Umlauf und es entstanden vor allem in Nord- und Mittelitalien, aber auch in Flandern, den Städten der deutschen Hanse und Katalonien, die „*Compagnias*", zunächst mit einem patriarchalischen Familienverband als fester Basis, später zunehmend durch Einlagen und Kapitalanteile finanziert. [5, S. 9ff, 32].

Um 1240, also ein ganzes Jahrhundert nach der Übersetzung von Al-Chwarizmis Buch (fast 400 Jahre nach seinem Tod und 600 Jahre nach Erfindung des Dezimalsystems!) lehrt der Franziskanermönch Alexander de Villa Dei in Paris die „Kunst des Al-Chwarizmi", oder „Algorismus", wie er nun auf Latein hieß. Wir lernen aus seinem *Carmen de Algorismo* („Lied des Algorismus", [10, S. 361], [12, S. 412]):

> *Hinc incipit algorismus.*
> *Haec algorismus ars praesens dicitur*
> *talibus indorum fruimur bis quinque figuris in qua*
> *0 9 8 7 6 5 4 3 2 1* [5]

Im deutschsprachigen Raum war das Zahlsystem erst ab etwa 1400 bekannt, insbesondere an der damals führenden Wiener Universität. Ab 1518, mit der Veröffentlichung des ersten Rechenbuchs von Adam Ries (1492–1559), wurden die Dezimalziffern dann in ganz Deutschland populär [1, S. 227ff]. Da existierten sie allerdings bereits seit beinahe 900 Jahren.

In Europa setzte sich insgesamt die westarabische Notation der Ziffern durch, und sie wurden „arabische Ziffern" genannt.

---

[5] „*Hier beginnt der Algorismus. Diese neue Kunst wird Algorismus genannt, in der wir verwenden jene zweimal fünf Zahlen der Inder 0 9 8 7 6 5 4 3 2 1*"

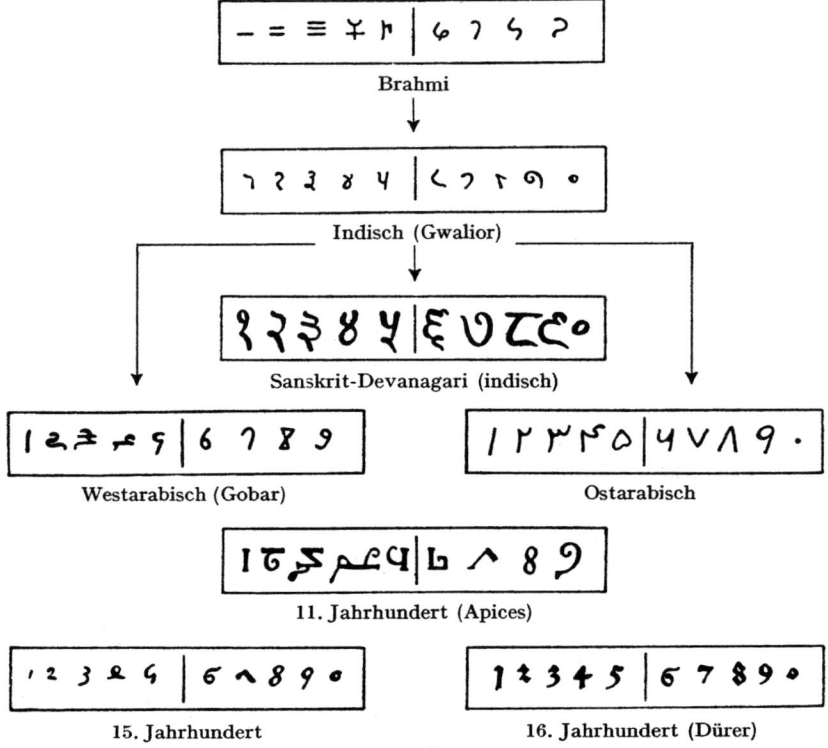

Abbildung 2.11: Der Stammbaum unserer Ziffern (aus [12, S. 418]). Vgl. auch [10, S. 392ff].

Im Rest Arabiens verwendete man die ostarabische Notation und nannte sie „indische Zahlen". Und in Japan heißen die viel später dort eingeführten Zahlen „Römische Zahlen" (ausgerechnet diese Ehre haben die Römer denn wohl doch nicht verdient ...).

Kapitel 3

Entstehung der Bruchzahlen

ie Darstellung von Brüchen, also Werten zwischen zwei ganzen Zahlen, entwickelte sich parallel, aber lange Zeit unabhängig zur Darstellung der ganzen Zahlen. Schon die Babylonier und die Ägypter konnten solche Werte bestimmen und darstellen, die Ägypter durch eine spezielle Schreibweise, in der die Nenner von Stammbrüchen unter ein spezielles Symbol geschrieben wurden (vgl. S. 17), die Babylonier durch ihr Positionssystem (vgl. S. 14). Beide Darstellungsformen entwickelten sich weiter zu den heute noch verwendeten Bruchdarstellungen, die eine zur exakten Darstellung rationaler Zahlen, die andere, um in einem gegebenen Zahlsystem reelle Werte mit beliebiger Genauigkeit angeben zu können.

3.1   Der Bruchstrich

Die Entstehung der uns heute so geläufigen Schreibweise für rationale Zahlen, also Brüche natürlicher Zahlen mit Hilfe des Bruchstrichs, geht im Wesentlichen auf die Inder zurück, obwohl vereinzelt bereits die Ägypter [1, §1.2.1] und später die

Griechen [19, S. 92] in ihrem jeweiligen Zahlsystem Notationen für solche Brüche verwendeten, indem sie Zähler und Nenner übereinander schrieben. Brahmagupta um 628 und Bhaskara II. um 1150 schrieben die Brüche mit dem Zähler über dem Nenner so wie wir heute, allerdings ohne Bruchstrich [15, S. 215]. Die Araber kopierten die Schreibweise und führten später den Bruchstrich ein [4, S. 261]. Fibonacci war um 1200 dann der erste europäische Mathematiker, der den waagerechten Bruchstrich verwendete, und seitdem wurde er in lateinischen Manuskripten des späten Mittelalters gefunden. Nach Einführung des Buchdrucks durch Johannes Gutenberg (um 1400 – 1468) wurde der Bruchstück meist wieder weggelassen, vermutlich aufgrund typographischer Schwierigkeiten [15, S. 216].

3.2 Dezimalbrüche

Nach der Erfindung des dezimalen Stellenwertsystems zur Darstellung ganzer Zahlen dauerte es noch ein gutes Jahrtausend, bis die uns heute geläufige Dezimalbruchschreibweise entstand. Der chinesische Mathematiker Yang Hui (um 1238 – um 1298) rechnete bereits 1268 mit Dezimalbrüchen in dem auf Seite 27 beschriebenen Zahlsystem [14, S. 123], allerdings ohne einen Dezimaltrenner zu verwenden [10, S. 282].

Wegweisend für die Entwicklung der Dezimalbruchschreibweise in Europa war der deutsche Theologe und Mathematiker Michael Stifel (1487–1567), der in seiner 1553 veröffentlichten Überarbeitung der *Coß*[1] die Wortbildung „Exponent" einführte

---

[1] Die *Deutsche Coß* war der Zeitraum von 1460 bis 1550, in der die mathematische Terminologie vom geschriebenen Wort gelöst wurde und sich eine algebraische Symbolik entwickelte. Diese Entwicklung wurde wesentlich durch den Mathematiker und Astronom Johannes Regiomontanus (1436–1476) begonnen und durch Johannes Widmann (um 1460 – nach 1500), der 1489 die Zeichen + und − einführte, und Adam Ries (1492/3 – 1559) be-

und negative Potenzen behandelt [1, S. 240]. Der flämische Mathematiker, Physiker und Ingenieur Simon Stevin (1548–1620) veröffentlichte 1585 sein Büchlein *De Thiende* („Das Zehntel"), in dem er eine spezielle Symbolik für Dezimalzahlen einführte. So schrieb er für den Dezimalbruch 6,3759 beispielsweise

$$6 \, ⓪ \, 3 \, ① \, 7 \, ② \, 5 \, ③ \, 9 \, ④ \tag{3.1}$$

Die eingeringelten Zahlen bezeichneten also die negative Zehnerpotenz der jeweils direkt davor stehenden Ziffer. Mit seiner Schreibweise konnte Stevin mit Brüchen rechnen wie mit ganzen Zahlen. Insbesondere berechnete er 1585 den Wert

$$\sqrt[12]{2} = 1,059463094\ldots$$

und ermöglichte damit in der Welt der Musik die „temperierte Stimmung", nämlich das Frequenzverhältnis zweier Halbtonschritte der zwölftonigen Skala. Einer der ersten, der das neue wohltemperierte Klavier verwendet, ist Johann Sebastian Bach etwas über ein Jahrhundert später [17, S. 40ff]. Historisch kam Stevin bei der Berechung von $\sqrt[12]{2}$ jedoch der chinesische Mathematiker Chu Tsai-yü (1536–1610) zuvor, der 1584 die erste numerische Spezifikation der temperierten Stimmung in China veröffentlichte, jedoch blieb dies in Europa lange unbekannt.

1593 verwendeten der Bamberger Christophorus Clavius (1537–1612) in seinen Sinustabellen und 1595 der schlesische Mathematiker und Theologe Bartholomäus Pitiscus (1561–1613) in seinen trigonometrischen Tabellen[2] den Dezimalpunkt

---

einflusst [1, S. 229ff]. Der Name *Coß* stammt von der italienischen Bezeichnung *cosa* als Übersetzung für Arabisch *šay'* („Ding"), mit dem die islamischen Mathematiker zum Ende des Mittelalters eine Variable bezeichneten [1, §3.3.2].

[2] *http://digital.slub-dresden.de/sammlungen/werkansicht/27376165X/82/* [21.03.2011] Pitiscus benutzt den Punkt als generelles Gruppierungssymbol,

als Dezimaltrenner, später der Schweizer Uhrmacher und Instrumentenbauer Jost Bürgi (1552–1632) in seinen bereits 1588 begonnenen und 1620 veröffentlichten Logarithmentafeln einen kleinen Kreis *über* den Einern [10, S 595], und der schottische Mathematiker und Astronom John Napier (1550–1617) schließlich in seinen Logarithmustafeln 1614 zunächst ein Komma, später einen Punkt. Daraufhin verbreitete sich die Dezimalbruchschreibweise in Europa, zunächst mit dem Punkt, ab dem 18. Jahrhundert im kontinentalen Europa mit dem Komma, vor allem unter französischem Einfluss. Heute wird in Lateinamerika und Europa bis auf Großbritannien, Irland und die Schweiz das Komma verwendet, in Australien und den überwiegenden Teilen Nordamerikas und Asiens der Punkt.

---

insbesondere als Trennsymbol zwischen Grad-, Minuten- und Sekundenangaben von Winkeln, *http://digital.slub-dresden.de/sammlungen/werkansicht/ 27376165X/173/* [21.03.2011]

Kapitel 4

Warum war der Weg zur Null so lang?

etrachtet man rückblickend die Entwicklung unseres Zahlsystems, so ist man versucht zu fragen: Warum so lang und so umständlich? Der tiefere Grund für die intellektuelle Schwierigkeit, das System zu erdenken, ja allein zu akzeptieren (wie im zunächst ablehnenden Europa des Mittelalters erkennbar), ist die Notwendigkeit einer höheren Abstraktionsstufe als das Zählen. Die Menschen haben zwar schon lange Zeit in ihrer Geschichte den Begriff der Zahl als von konkreten Objekten unabhängig erkannt: Alle Hochkulturen der Menschheit kannten seit 5000 Jahren Zahlsymbole. Die Null ist zunächst unbekannt, sowohl als Platzhalter in Positionssystemen als auch als Zahl. Erst ab dem Jahre 629 ist in Indien die Null mit beiden Eigenschaften bekannt. Die Ziffern nach dem indischen System sind ganz konsequent nur noch Etiketten, die man auf die Zahlen klebt, wobei ihre Position ausschlaggebend für den Wert der dargestellten Zahl ist.

4.1   Allgemeine Zahldarstellungen

Das Universalgenie Gottfried Wilhelm Leibniz (1646 – 1716) war der erste, der ein Zahlsystem vorschlug, das nur aus zwei Ziffern 0 und 1 besteht und dennoch alle Zahlen darstellen kann [17, S. 89]. Solch ein System heißt heute *Dual-* oder *Binärsystem*. Leibniz verband mit dem Binärsystem einerseits den Traum einer *Lingua characteristica universalis*, einer Sprache, in der alles Wissen formal ausgedrückt werden kann, und eines *Calculus rationator* („Vernunftkalkül"), mit dem Philosophen Uneinigkeiten über ein beliebiges Problem durch ein einfaches *Calculemus* („Rechnen wir!") lösen, indem sie es in der *Lingua characteristica* formulieren und durch den *Calculus rationator* ausrechnen; der zweite Teil dieses Traums wurde anderthalb Jahrhunderte später durch die Algebra des britischen Mathematikers George Boole (1815 – 1864) realisiert. Daneben sah Leibniz aber auch religiöse Motive für das Binärsystem. Seiner Ansicht nach stand die Null für das Nichts und die Eins für Gott. So konnte er die Tatsache, dass 111 im Binärsystem die Zahl 7 darstellt, wie folgt interpretieren: Sieben Tage währte die Schöpfung der Welt durch den dreifaltigen Gott [17, S. 179].

Mit der Einführung des Binärsystems hatte Leibniz eine weitere Abstraktionsstufe der Zahldarstellung erklommen. Es ist eine heute wohlbekannte mathematische Tatsache, dass für jede Basis $b \in \mathbb{N}$, $b \geq 2$, eine beliebige Zahl x eindeutig durch die folgende Reihe dargestellt werden kann:

$$x = \ldots a_2 b^2 + a_1 b^1 + a_0 b^0 + a_{-1} b^{-1} + a_{-2} b^{-2} + \ldots \quad (4.1)$$

Die Punkte deuten an, dass diese Reihe unendlich sein kann. Hierbei sind die Koeffizienten a_n eine der b Ziffern 0, 1, …, $b - 1$. Beispielsweise ist

$$7 = 1 \cdot 2^2 + 1 \cdot 2 + 1 \cdot 2^0$$

oder

$$10\tfrac{1}{2} = 1 \cdot 2^3 + 0 \cdot 2^2 + 1 \cdot 2 + 0 \cdot 2^0 + 1 \cdot 2^{-1}.$$

Dieses zunächst etwas sperrige Ergebnis können wir nun ausnutzen, um eine Zahl x einfach durch die Koeffizienten bezüglich der Basis b darzustellen als

$$x = \text{„} \dots a_2\, a_1\, a_0 \,.\, a_{-1}\, a_{-2} \dots \text{"}.$$

(Hierbei setzt man oft die Basis b als Index ans Ende der Ziffernreihe, falls Verwechslungen mit anderen Darstellungssystemen auftreten können.) Das Trennzeichen, also der Punkt oder das Komma, wird vor den Koeffizienten a_{-1} geschrieben. Damit ist z.B.

$$7 = 111_2, \quad 10\tfrac{1}{2} = 1010.1_2 \qquad (4.2)$$

Was sind demnach die notwendigen Merkmale einer Zahldarstellung? Zwei Angaben charakterisieren ein allgemeines Stellenwertsystem.

1. Die Basis b. Dies ist eine ganze Zahl größer als 1.

2. Der Ziffernvorrat $Z = \{z_0, z_1, \dots, z_{b-1}\}$, also eine Menge von b Ziffern, die die Werte 0, 1, …, $(b-1)$ darstellen. Eine Ziffer ist ein beliebiges einstelliges Symbol.

Beim Binärsystem ist also $b = 2$ und der Ziffernvorrat $Z = \{$'0', '1'$\}$, wir könnten aber als Ziffernvorrat auch $\{$'O', 'L'$\}$ wählen. Beim Dezimalsystem ist die Basis $b = 10$ und der Ziffernvorrat $Z = \{$'0', '1', '2', '3', '4', '5', '6', '7', '8', '9'$\}$. Mit den Anführungszeichen ist hier angedeutet, dass es sich bei den Ziffern um reine Zeichen handelt, die selber zunächst nichts mit Zahlen zu tun haben müssen. Für das Hexadezimalsystem beispielsweise, das die Basis $b = 16$ hat, werden neben den zehn Ziffern des Dezimalsystems die ersten sechs Buchstaben des lateinischen Alphabets, A bis F, verwendet. Die Zahl 2F (oder 0x2F, wie die Informatiker schreiben), stellt also die Zahl $2 \cdot 16 + 15 = 47$ dar.

4.2 Mehrere Abstraktionsschritte

Sich von der Konkretheit des Zählens zu lösen und einen Begriff der Zahl zu finden, also beispielsweise „drei" nicht als Attribut einer Baumgruppe von „drei Bäumen" oder einer Herde von „drei Wölfen" zu sehen, war ein erster Abstraktionsschritt, der spätestens den Menschen der frühen Hochkulturen in Sumer, Babylonien, Ägyptien, Indien und China im dritten Jahrtausend v. Chr. gelungen war. In der schriftlichen Zahldarstellung blieb der zählende Grundgedanke lange Zeit bestehen, bis ins fünfte Jahrhundert n. Ch. wurden die Zahlzeichen, abgesehen von dem chinesischen System, additiv verwendet. Interessanterweise verwendete gerade die früheste dieser Zahldarstellungen, diejenige der Sumerer, bereits ein Positionssystem, es war aufgrund seiner Additivität jedoch noch nicht einstellig. Das später ent-

Kultur (Ungef. Zeit)	Sumer (-3000)	China (-1500)	Griechenland (140)	Maya (-300)	Indien (628)	(629)
Null als Zeichen	(x)		x	x	x	x
Positionssystem (Basis)	x (60)	x (10)	x (60)	x (20/18)	x (10)	x (10)
einstelliges Positionssystem		x			?	x
Null als Zahl					x	x
Brüche	x		x		x	x

Tabelle 4.1: Kriterien eines Stellenwertsystems und deren schriftlich belegte Gegebenheit in den verschiedenen Kulturen.

standene altchinesische Zahlsystem ist dagegen bereits ein einstelliges Positionssystem zur Basis 10, kennt aber nicht die Null und muss daher für die Eindeutigkeit stets die Zehnerpotenz, auf die sich der jeweilige Faktor bezieht, mitschreiben. Eigentlich war dieses Zahlsystem schon sehr dicht an einem echten dezimalen Stellenwertsytem, und es ist aus heutiger Sicht fast schon verwunderlich, dass der „kleine" Schritt zur Null nicht geschah. Doch vermutlich war das System einfach zu gut, es gab keinen notwendigen Grund, es zu ändern.

Den nächsten wichtigen Schritt schafften erneut die Babylonier, indem sie ein Zeichen für die Null einführten, wenn auch
nur vereinzelt. Die Griechen bauten dieses System in ihr Zahlsystem ein und erfanden das heute benutzte Symbol 0. Allerdings war auch dieses Positionssystem immer noch nicht einstellig. Zu dieser Zeit arbeiteten im fernen Mittelamerika die Maya

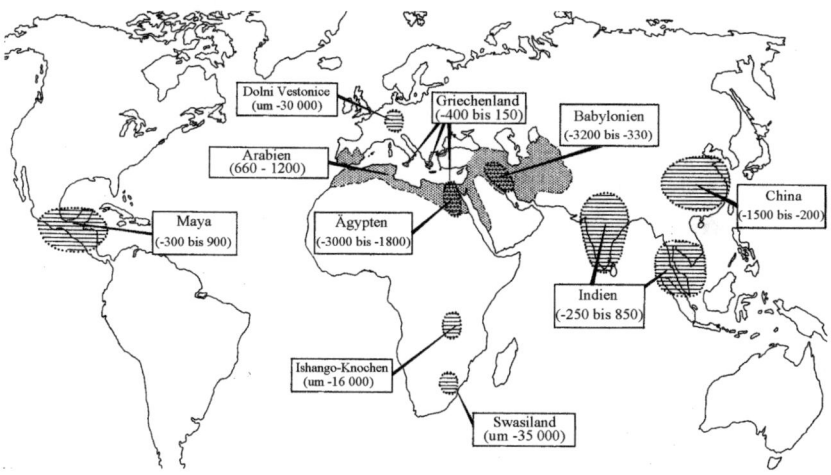

Abbildung 4.1: Kulturen auf dem Weg zu einem Stellenwertsystem zur
Darstellung von Zahlen

mit ihrem Positionssystem bezüglich der Basen 20 und 18, das
mit zwei Zahlzeichen und der Null additiv und somit ebenfalls
nicht einstellig geschrieben wurde.

In dieser Situation verharrte die Mathematik der Menschheit fast ein halbes Jahrtausend. Der zündende Gedanke zum
nächsten Abstraktionsschritt, einem *einstelligen* Positionssystem, das notwendig eine Null enthalten muss, wollte nicht kommen. Möglicherweise war es gerade der – ästhetisch wunder-
schöne – Umweg über die poetischen Zahlsysteme mit einer Null
von Arybhata um 550, der den Blick dafür öffnete, dass es ei-

gentlich ja ganz egal ist, mit welchem Ziffernvorrat die Zahlen dargestellt werden, mit der Null und den einstelligen Brāhmī-Ziffern geht dies plötzlich kurz und elegant.

Wer genau auf die Idee kam, statt des poetischen Dezimal-systems die alten Brāhmī-Ziffern zu schreiben, oder ob nicht sogar umgekehrt das Dezimalsystem längst entwickelt und die poetische Schreibweise ins Sanskrit, der „Sprache der Götter" übersetzt wurde, wird man vielleicht nie erfahren. Mit Bhāskaras Schritt, Zahlen im Dezimalsystem mit den neun Ziffern und der Null in einem veröffentlichten Werk zu schreiben, und Brah-maguptas Idee, die Null als Zahl aufzufassen, wurde das Sys-tem endgültig publik und begann seinen erfolgreichen Sieges-zug über die ganze Welt. Erst fast tausend Jahre später wurde es in Europa durch Stevin um die Dezimalbrüche erweitert und ein weiteres Jahrhundert danach von Leibnitz auf eine andere Basis als 10 verallgemeinert.

So bleibt am Ende der berührende Gedanke, dass bei der Entstehung des Dezimalsystems in der uns geläufigen Form die großen Menscheitskulturen zusammen wirkten ... und die Ma-thematik eine Liaison mit der Poesie einging.

Literaturverzeichnis

[1] ALTEN, H.-W. ; NAINI, A. D. ; FOLKERTS, M. ; SCHLOSSER, H. ; SCHLOTE, K.-H. ; WUSSING, H. : *4000 Jahre Algebra*. Berlin Heidelberg : Springer-Verlag, 2003

[2] BENTLEY, P. J.: *The Book of Numbers. The Secrets of Numbers and How They Created Our World*. London : Cassell Illustrated, 2008

[3] BREKLE, H. E.: 'Vom Rinderkopf zum ABC'. In: *Spektrum der Wissenschaft* 4 (2005), S. 44–51. – http://www.spektrum.de/artikel/838086

[4] BURTON, D. M.: *The History of Mathematics: An Introduction*. Dubuque : W. C. Brown, 1991

[5] CIPOLLA, C. M.: *Geld-Abenteuer*. Berlin : Verlag Klaus Wagenbach, 1995

[6] DROSDOWSKI, G. (Hrsg.): *Duden. Das Herkunftswörterbuch. Etymologie der deutschen Sprache*. Mannheim : Bibliographisches Institut & F.A. Brockhaus AG, 1989

[7] EBBINGHAUS, H. D. ; HERMES, H. ; HIRZEBRUCH, F. ; KOECHER, M. ; MAINZER, K. ; NEUKIRCH, J. ; PRESTEL, A. ; REMMERT, R. : *Numbers*. New York : Springer-Verlag, 1991

[8] ELFERING, K. : *Die Mathematik des Āryabhaṭa I. Text, Übersetzung aus dem Sanskrit und Kommentar.* München : Wilhelm Fink Verlag, 1975

[9] HOSKIN, M. : *The Cambridge Illustrated History of Astronomy*. Cambridge : Cambridge University Press, 1997

[10] IFRAH, G. : *The Universal History of Numbers. From Prehistory to the Invention of the Computer*. New York : John Wiley & Sons, 2000

[11] JOSEPH, G. G.: *The Crest of the Peacock. Non-European Roots of Mathematics.* London New York : I.B. Tauris, 1991

[12] MENNINGER, K. : *Number Words and Number Symbols.* Cambridge London : MIT Press, 1969

[13] SATURNO, W. A. ; STUART, D. ; BELTRAN, B. : Early Maya Writing at San Bartolo, Guatemala. In: *Science* 311 (2006), Nr. 5765, S. 1281– 1283. http://dx.doi.org/10.1126/science.1121745.

[14] SCRIBA, C. J. ; SCHREIBER, P. : *5000 Jahre Geometrie. Geschichte, Kulturen, Menschen.* 2. Aufl. Berlin Heidelberg New York : Springer-Verlag, 2005

[15] SMITH, D. E.: *History of Mathematics. Vol. II.* Boston : Grimm, 1925

[16] TALLACK, P. (Hrsg.): *Meilensteine der Wissenschaft. Eine Zeitreise.* Heidelberg Berlin : Spektrum Akademischer Verlag, 2002

[17] TASCHNER, R. (Hrsg.): *Der Zahlen gigantische Schatten. Mathematik im Zeichen der Zeit.* 3. Aufl. Wiesbaden : Vieweg Verlag, 2005

[18] UNSÖLD, A. ; BASCHEK, B. : *Der neue Kosmos. Einführung in die Astronomie und Astrophysik.* 6. Aufl. Berlin Heidelberg New York : Springer Verlag, 1999

[19] VAN DER WAERDEN, B. L.: *Erwachende Wissenschaft. Ägyptische, babylonische und griechische Mathematik.* 2. Aufl. Basel Stuttgart : Birkhäuser-Verlag, 1966

[20] ZASLAVSKY, C. : 'Women as the first mathematicians'. In: *Women in Mathematics Education Newsletter* XIV (1991), Nr. 1, S. 4

Internetquellen

[I1] *http://www.naturalsciences.be/expo/old_ishango/en/* [Letzter Abruf: 21.03.2011] – Erläuterungen des *Institut royal des Sciences naturelles de Belgique* in Brüssel zum Ishango-Knochen

[I2] *http://mathworld.wolfram.com/IshangoBone.html* [Letzter Abruf: 21.03.2011] – Erläuterungen zum Ishango-Knochen auf Mathworld

[L1] *http://de.wikipedia.org/wiki/Griechische_Zahlen* [Letzter Abruf: 21.03.2011] – Zahldarstellung der Griechen

[L2]   *http://www.sven-gronemeyer.de/research/schrift.html* [Letzter Abruf: 21.03.2011] – Zahldarstellung der Maya

[L3]   *http://www-groups.dcs.st-and.ac.uk/~history/   Mathematicians/Euclid.html* [Letzter Abruf: 21.03.2011] – Biografie Euklids (sofern bekannt . . .) von MacTutor

[L4]   *http://www.mlahanas.de/Greeks/Euclid.htm*   [Letzter   Abruf: 21.03.2011] – Historisches zu Euklids Elementen und weiterführende Links

[LA]   *http://en.wikipedia.org/wiki/Genealogy_of_scripts_derived_from_Proto-Sinaitic* [Letzter Abruf: 21.03.2011] – Stammbaum aller vom altsinaitischen Alphabet abstammenden Schriften

[LIS] *http://de.wikipedia.org/wiki/Indogermanische_Sprachen* [Letzter Abruf: 21.03.2011] – Übersicht über die indoeuropäische Sprachfamilie

[LIU] *http://de.wikipedia.org/wiki/Indogermanische_Ursprachen*   [Letzter Abruf: 21.3.2011] – Die indoeuropäische Ursprache

[LH1] *http://en.wikipedia.org/wiki/Hieratic* [Letzter Abruf: 21.03.2011] – Zahlzeichen der ägyptischen Hieroglyphen und der hieratischen Schrift

[LH2] *http://www-gap.dcs.st-and.ac.uk/~history/HistTopics/   Egyptian_numerals.html* [Letzter Abruf: 21.03.2011] – Zahlzeichen der ägyptischen Hieroglyphen und der hieratischen Schrift

[YBC] *http://www.math.ubc.ca/~cass/Euclid/ybc/ybc.html* [Letzter Abruf: 21.03.2011] – Abbildung der Keilschrifttafel YBC 7289 der Yale Babylonian Collection

Abbildungsverzeichnis

Index